KATANA

EL PODEROSO FILO DE LA MENTE

ENRIC LLADÓ

**KOLIMA
BOOKS**

Título original: *Katana, el poderoso filo de la mente*

Primera edición: Octubre 2024
© 2024 Editorial Kolima, Madrid
www.editorialkolima.com

Autor: Enric Lladó Micheli
Dirección editorial: Marta Prieto Asirón
Maquetación de cubierta: David Visea
Maquetación: Carolina Hernández Alarcón
Ilustraciones: Oriol Alcober

ISBN: 978-84-10209-33-6
Depósito legal: M-21536-2024
Impreso en España

Para Irene,
que me enseñó
a perfeccionar mis cortes.

Yo soy la que separa
el Cielo de la Tierra
la derecha de la izquierda
el bien del mal
y la vida de la muerte.

En el principio de todo está la mente.

Un vacío puro, insondable e inmóvil.

El más ligero movimiento en cualquier dirección producirá un corte en la nada. Así surgirá el uno.[1]

Al separar a la unidad del vacío, la mente ha visto la dualidad y en ese mismo movimiento ha cortado el dos.

Al dirigir su atención hacia el vacío, el uno y el dos, corta en su movimiento el tres.

Su sed de corte se ha despertado y su filo ya no se detendrá hasta separar del vacío a las Diez Mil Maravillas.

---

1   En el alfabeto *kanji* el número uno se escribe como un simple trazo. El dos como dos trazos paralelos y el tres como tres trazos.

EL FILO

SEMEJANZAS

Quien dice *itto ryodan*, está diciendo «un corte decisivo», pero quiere decir llevar algo a una conclusión clara y definitiva.

Quien pronuncia las palabras *batto noto* está diciendo «desenvainar y envainar», pero quiere decir ser incapaz de pensar con sentido para manejar una situación.

Quien dice *nukiuchi* está diciendo «un corte desde el inicio», pero hace referencia a una ocurrencia repentina y sorprendente.

Quien verbaliza *katate uchi* está diciendo «un corte con una sola mano», pero está hablando de una persona o un razonamiento unilateral o sesgado.

Muchas son las semejanzas entre la espada y la mente. No en vano es usual hablar de la una refiriéndose a la otra.

Tantas coincidencias no son casualidad.

Tras dos seres distintos se oculta un mismo espíritu.

ESPIRITU DE CORTE

La mente es una espada.

Sirve para cortar.

Separa en figuras y fondos los estímulos del mundo exterior. Hasta aquí es una mesa, hasta aquí un plato, hasta aquí un muslo de pollo...

No contenta con esto sigue cortando y clasifica en categorías. Esto es salado, esto es dulce, esto es barato y aquello es caro, esto es bueno, esto otro es malo...

Su filo es implacable y no se detiene ante la carne y los huesos. Este es amigo, este enemigo, este es inteligente, aquel es idiota, este es venerable y este deplorable...

Solo con su corte es posible abrirse paso en el denso bosque de la realidad. El *bushi*[1] necesita una espada y el ser necesita una mente.

Pero poseer un arma siempre entraña incontables riesgos.

---

[1]   *Bushi*: guerrero en japonés.

EL REGALO

Entregarle un arma a un guerrero es un valioso obsequio.

En el momento señalado la usará para abrirse camino.

Entregarle un arma a un plebeyo es un regalo envenenado.

Provocará sin querer el momento, le será fácilmente arrebatada y con ella le cortarán en dos.

Corre un grave riesgo quien acepta el arma pero no se adiestra.

Se condena a sí mismo quien la emplea sin saber manejarla.

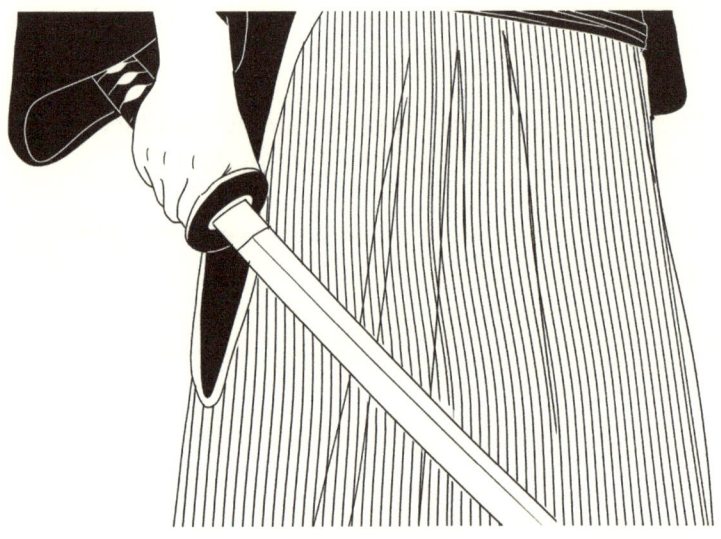

CORTE DIVINO

Agua y aceite no pueden mezclarse, hielo y fuego no se pueden combinar, un perro y una cabra no pueden cruzarse y un imán roto jamás volverá a juntarse por donde se rompió.

Lo que los dioses han separado no lo puede unir el hombre.

Así queda dispuesto que dos son el *bushi* y su espada, dos son el ser y la mente.

Dos son aunque siempre estén unidos. Por eso también son tres.

Quien se identifica con su arma seducido por su poder no posee una herramienta, sino que está siendo poseído por ella.

Poco a poco, y sin darse cuenta, le irá devorando su filo.

VERGÜENZA

Quien se avergüenza de sus pensamientos es también porque se identifica con su mente.

Pero la mente es tan solo arma viva que hace lo que puede para servir a su amo.

Si no le dan trabajo cortará indiscriminadamente a derecha e izquierda alumbrando ideas monstruosas en un frenesí inagotable.

Como un niño que con trastadas reclama la atención de un padre. O un galgo que enloquece porque no lo sacan a cazar. O un caballo que se desboca porque no le dan galope.

Niño, perro y caballo solo hacen lo que está en su naturaleza.

Además, el padre no es el niño, el cazador no es su perro y el jinete no es su caballo.

No hay de qué avergonzarse.

CHAKIN SHIBORI[2]

Si se sujeta la espada demasiado flojo escapará de las manos.

Si se sujeta demasiado fuerte se bloqueará su acción.

Igual sucede al esgrimir el pensamiento.

La mente que no es encauzada escapa de todo control. Y la mente que es reprimida quedará agarrotada.

Se hace dueño de su hoja quien sabe cómo tomarla con ambas manos.

Así se encauza por fin gustosa, obediente al servicio de su amo.

Corta donde se le ordena y se detiene cuando se le ordena.

---

2 *Chakin shibori*: literalmente «escurrir el trapo». Término empleado para la técnica de agarre de la *katana*, como escurriendo con las dos manos el agua de un trapo.

TECNICA MADRE

Pregunta el maestro cuál es la técnica más importante en el arte del corte con *katana*.

Algunos alumnos responden que es *Maai*, la correcta distancia del objetivo.

Otros piensan que es *Hasuji*, la trayectoria de la espada.

Hay quien opina que es *Kakudo*, el ángulo de la hoja.

Y otros hablan de *Enkeisen*, el movimiento de vaivén a lo largo de la trayectoria.

Como no logran ponerse de acuerdo, el maestro concluye:

«Quien tiene un martillo cree que todo son clavos y quien tiene una espada todo lo soluciona cortando.

La madre de todas las técnicas es saber diferenciar entre lo que hay que cortar y lo que no».

NO CORTAR

Los principiantes que entran en acción se agotan a sí mismos en un batiburrillo de estocadas.

Están deslumbrados por la espada y el cortar. La punta del iceberg los distrae de lo invisible, que es lo que de verdad importa.

Porque igual que al hablar lo más importante es lo que no se dice, al obrar lo más importante es lo que no se hace, y el propósito profundo de la espada es no cortar.

Quien no se adiestra en las artes del *muto*[3] y el *mushin*[4] en verdad hará muchos cortes, pero casi todos serán errados.

Lejos de ayudarle, empeorarán su situación peligrosamente.

Los malos cortes, cuantos menos, mejor.

---

3   *Muto*: puede traducirse como: «no espada».

4   *Mushin*: puede traducirse como «no mente».

MALOS CORTES

OKEHAZAMA[5]

Las tropas de Imagawa Yoshimoto superan diez a uno a las de Oda Nobunaga.

Tal desventaja sugiere a la mente ordinaria dos únicas posibilidades: o bien la retirada, o bien la rendición.

Pero Nobunaga no está dispuesto a hacer ese corte. Y por eso su mente encuentra otra vía totalmente inverosímil.

Sigilosamente moviliza a sus tropas camuflándolas entre las montañas y penetra a hurtadillas en el confiado campamento de su rival.

Al tomarles completamente desprevenidos, muchos soldados enemigos huyen en desorden.

Pensando que el alboroto se debe a que sus samurais están ebrios, el propio Imagawa sale de su tienda enfadado para abroncarlos y allí mismo encuentra la muerte.

Sus oficiales acaban desertando y en menos de dos horas Nobunaga se hace con una victoria histórica que marcará el inicio de la unificación de Japón.

---

5   *Okehazama*: lugar donde se libró la batalla.

FALSA DUALIDAD

Las mentes incautas cortan en dos todo lo que pasa por delante. Bueno o malo, alto o bajo, sí o no, retirada o rendición...

Se diría que aspiran a dividir el planeta en dos mitades.

Hacen como el roedor que muerde sin hambre porque necesita gastar sus dientes. Están inquietas y el cortar les da sosiego.

Simplificando su visión del mundo se tranquilizan porque creen entenderlo.

Pero cortar lo que no toca, cuando no toca o donde no toca, no soluciona los problemas; los empeora.

Corta es la vida del guerrero que fácil corta.

ENTENDER

En su pugna por la hegemonía, el poderoso *daimyo*[6] Toyotomi Hideyoshi ordena a su vasallo Ukita Hideie retirarse de una posición estratégica.

Este último interpreta la orden como una retirada general, en lugar de un simple cambio de posición.

Su retroceso prematuro y desorganizado deja expuestos a los destacamentos aliados, permite que sus enemigos recuperen una valiosa ventaja táctica y le deja sumido en una vergüenza embarazosa.

Pensar que se ha entendido al otro es habitual en aquellos que no han sido adiestrados.

Su mente separa entender de no entender.

Es un corte en falso.

Porque la única manera de entender completamente al otro sería convertirse en el otro. La realidad es que solo le entendemos en parte.

---

6   *Daimyo*: señor feudal.

De este modo, quien piensa que ya ha entendido deja de entender. Y solo quien piensa que no entiende está entendiendo realmente.

Porque entender no es un resultado, sino un proceso que nunca termina.

Por eso jamás debe cortarse.

MASAMUNE Y MURAMASA

Cuando el gran maestro herrero Masamune fue retado por su discípulo Muramasa, ambos acordaron un encuentro en el bosque para poner a prueba sus mejores creaciones.

Muramasa desenfundó la Juuchi Yosamu («Diez mil Noches Frías») y la dejó clavada en el fondo del riachuelo.

El arma cortó todo lo que la corriente llevó hasta su filo: hojas, insectos y también peces.

Masamune clavó entonces su Yawarakai-Te («Manos Tiernas») en el mismo sitio. Sin embargo, su filo solo cortó las hojas.

Curiosamente, Masamune sonrió, levantó su espada, la secó y la enfundó satisfecho.

Cuando Muramasa empezó a burlarse de su maestro, un monje que estaba presenciando el encuentro lo interrumpió:

«No os equivoquéis. La primera espada es realmente fina, pero corta tanto enemigos como mariposas. No discrimina. La segunda espada es todavía más fina, porque no corta lo que es inocente y digno».

CORTAR CABEZAS

En la antigüedad era usual probar el filo de las *katanas* recién forjadas cortando cabezas de presidiarios.

La única preocupación del verdugo era analizar correctamente el rendimiento de la hoja, para dar un veredicto preciso.

Si albergaba dudas cortaba más cabezas hasta estar completamente seguro.

Semejante crueldad es compartida por el filo de la mente.

Si no se la detiene va rebanando las cabezas de aquellos incautos que se cruzan en su camino.

No tiene piedad a la hora de juzgar sin pruebas y condenarlos al infierno.

Su actividad maquinal debe ser encauzada porque carece de corazón.

CORAZON

El rico sin corazón es un avaro.
Vivirá una vida miserable.

El jefe sin corazón es un tirano.
Acabará destituido.

El más chistoso, sin corazón, es cruel.
No tiene ninguna gracia.

El más bello, sin corazón, es un esperpento.
Acabará repugnándose a sí mismo.

El famoso, sin corazón, es una farsa.
Acabará despreciado públicamente.

El influyente, sin corazón, es un manipulador.
Acabará traicionado.

El más recto, sin corazón, es un fanático.
Está pecando desde el principio.

El mejor espadachín, sin corazón, es un asesino.
Morirá bajo otra espada.

El inteligente, sin corazón, es un perverso.
Cometerá grandes estupideces.

No hay grandeza sin corazón, solo engaño y sufri-
miento.

UESUGI CONTRA TAKEDA

El conflicto entre los clanes Uesugi y Takeda duró más de catorce años.

Tan profunda era la rivalidad entre sus dos líderes, Uesugi Kenshin y Takeda Shingen, que en la mayor de sus batallas Kenshin en persona llegó a atravesar las líneas enemigas hasta alcanzar el campamento de Shingen y casi consigue terminar con él con sus propias manos.

Curiosamente también es sabido que ambos se intercambiaron regalos en diversas ocasiones.

Se cuenta que Shingen llegó a regalar a Kenshin una espada que tenía en gran estima.

Y que cuando las tropas de Shingen se quedaron sin sal, Kenshin le envió sal secretamente.

Cuando Shingen murió, Kenshin lloró su pérdida con amargura e hizo votos de no volver a atacar jamás las tierras de los Takeda.

¿Quién entiende los misterios que alberga un solo corazón?

Ni siquiera su propio dueño.

JUSTICIA

¿Cómo juzgar a alguien que ha cometido los mayores crímenes y también las mayores obras de misericordia?

¿Qué debe tenerse más en cuenta?

Y si todos los santos tienen un pasado y todos los pecadores tienen un futuro, ¿cuándo debería celebrarse el juicio?

Nadie puede saber cómo se comportará un hombre cuando las circunstancias apremien. Ni siquiera él mismo.

Simplemente podemos decir que cada hombre hace lo que puede con lo que tiene. Y luego su destino le es revelado.[7]

Por eso entre la gente común no hay buenas ni malas personas. La naturaleza humana es mucho más compleja.

Hacer ese corte es infantil.

Y los niños no deben jugar con espadas.

---

7 Bella sentencia extraída de la película *El último samurai*.

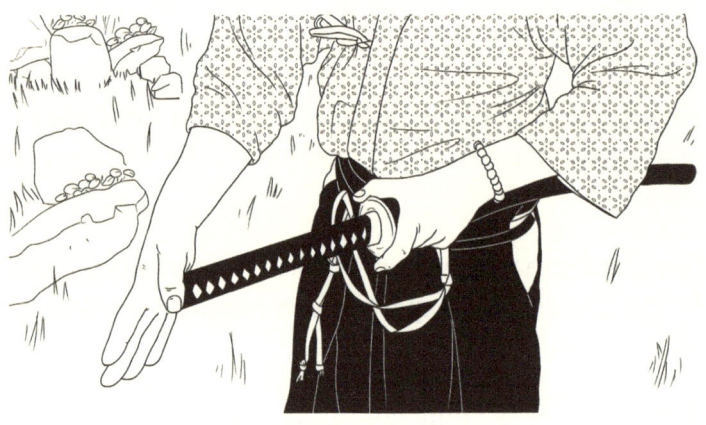

ENVAINAR

Si se permite a una *katana* catar sangre alegremente se aficionará a su sabor.

Y una vez desatada, no cesará su pasión.

Porque su sed es infinita.

Es mejor envainarla prontamente para detener su apetito antes de que aparezca.

Quien da rienda suelta a su mente y le permite separar a su antojo entre buenos y malos, listos y tontos, amigos y enemigos, hace sangre con demasiada alegría.

En su afición desmedida hallará su caída.

Porque quien a hierro mata a hierro muere. Y quien juzga sin piedad, tarde o temprano sin piedad será juzgado.

Es necesario envainar la mente en cuanto empieza el juicio.

NO DESENVAINAR

Mejor que envainar a tiempo es no haber desenvainado.

Porque el más leve movimiento, proviniendo de una espada, es también un desafío.

Lejos de evitar conflictos los acaba precipitando.

Y aun logrando la victoria siempre se acaba perdiendo algo.

Por eso a menudo la espada más útil es la que no ha sido usada.

Y la mente más justa, la que a nadie ha juzgado.

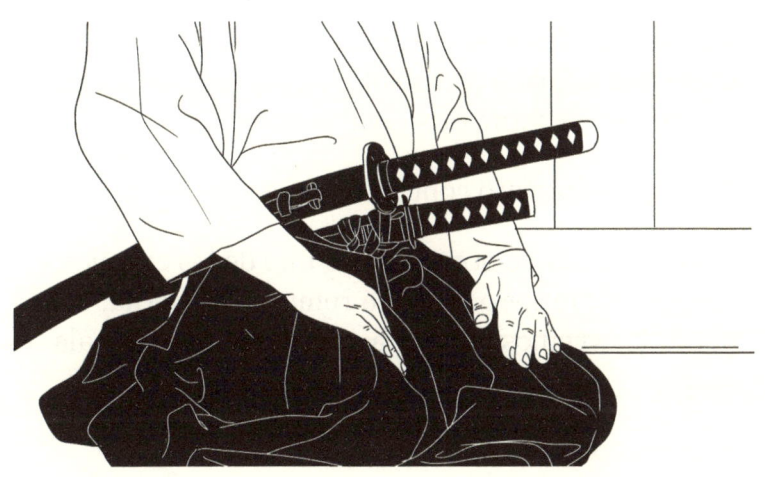

YA VEREMOS

En una antigua fábula china, al granjero se le escapa el único caballo que tenía para labrar sus tierras. Los vecinos tratan de consolarle por su mala suerte.

A lo que el granjero responde: «Ya veremos».

Varios días después el caballo regresa acompañado de una manada de caballos salvajes. Esta vez los vecinos le felicitan por su buena suerte.

A lo que el granjero contesta: «Ya veremos».

Mientras trata de domesticar a uno de los caballos, el hijo del granjero cae y se rompe una pierna. De nuevo los vecinos acuden a consolarle por su mala suerte.

Y de nuevo el granjero contesta: «Ya veremos»

Días más tarde las tropas del emperador llegan al pueblo reclutando a los más jóvenes para la próxima guerra. Al ver que el hijo del granjero tiene la pierna rota, le dejan en paz. Los vecinos le felicitan por su buena suerte.

Por supuesto el granjero responde: «Ya veremos».

KAMAE[8]

La mente que todo juzga lo hace obligada porque cree que no juzgar es lo mismo que ignorar.

No sabe hacer el corte entre juzgar y observar.

Quien juzga está otorgando un valor a los hechos. Esa estocada es tan solo una apuesta y requiere inclinarse hacia un lado. Es un movimiento arriesgado.

Mantenerse en posición, observando los hechos tal y como son, sin quitar ni añadir nada, es la postura balanceada de la mente bien entrenada.

La objetividad es el inicio de todo corte efectivo.

---

8   *Kamae*: postura. El *kanji* significa «base». El significado implícito es «preparación» o «estar listo».

VACIO

Sujeta la espada con miedo y te acabarás cortando a ti mismo.

Sujétala con ansia y fallarás la estocada.

Sujétala con pasión y acabarás agotado.

Hazlo con rabia y estarás agarrotado.

Por eso el general escribió:

«Al trabajar, permanece atento.

Al negociar, permanece a la escucha.

Al dirigir, permanece humilde.

Al cortar, permanece vacío.

Al pensar, permanece objetivo».

ASEDIO

Cuenta una vieja historia medieval que, tras un duro asedio, el inexpugnable castillo había consumido casi todos sus víveres.

Hasta tal punto que ya solo quedaban una vaca y un saco de grano.

Entonces alguien propuso lo que al principio pareció una idea descabellada. Pero que al final todos decidieron secundar.

Sacrificaron a la vaca, la abrieron en canal, la rellenaron de grano y la lanzaron desde lo alto del castillo.

Al recibir este mensaje, las tropas enemigas quedaron desmoralizadas. El esfuerzo de mantener el asedio durante tanto tiempo también tenía a sus fuerzas mermadas e incluso divididas.

Por lo que finalmente decidieron retirarse.

Quien sabe que una vaca y un saco de grano no son un problema, sino solo una vaca y un saco de grano, está siendo objetivo.

Por eso puede emplearlos como una solución.

Y así es como *el camino del buen corte* libera a las mentes del asedio.

VIRTUD

Demasiado rápido tropieza.
Demasiado alegre es penoso.
Demasiada rectitud es retorcida.
Demasiado amable es sospechoso.
Demasiada información no dice nada.
Demasiadas leyes complican la justicia.
Demasiada actividad lleva a la parálisis.
Demasiadas órdenes llevan al desorden.
Demasiada tolerancia resulta intolerable.
Demasiado giro a la derecha y se acaba a la izquierda. Y viceversa.

Un poco amargo es delicioso.
Un poco caro se vende mejor.
Un poco absurdo tiene sentido.
Un poco antipático es gracioso.
Un trozo de virus es una vacuna.
Un poco de veneno es una medicina.
Un pequeño susto lleva a la tranquilidad.
Un poco de caos conduce a un nuevo orden.
Un poco granuja en realidad no engaña a nadie.
Un poco de inconsciencia permite seguir adelante.

Demasiado de algo que parece bueno puede ser malo y un poco de algo que parece malo puede ser bueno. El corte objetivo entre la virtud y el vicio no está en la cualidad, sino en la cantidad.

CONTRARIOS

Lo contrario del día no es la noche. Solo son dos eventos que se suceden el uno al otro.

Lo contrario del polo norte no es el polo sur. Solo son dos extremos de un mismo planeta, de un mismo imán o de un mismo campo magnético.

Lo contrario de subir no es bajar. Solo son dos direcciones separadas ciento ochenta grados.

Igual que en la naturaleza no existen líneas rectas perfectas, tampoco existen los contrarios.

La mente que separa en contrarios hace un corte ficticio.

Llega a conclusiones erróneas, genera enfrentamientos innecesarios y en lugar de solucionar problemas, acaba provocando conflictos.

VISION

Quien responde «sí, pero» a otro, carece de visión.

De un corte ha separado en contrarios dos puntos de vista que en realidad son complementarios.

Provocará un intercambio de «sí, peros» sin fin.

Es ruido de espadas en un duelo absurdo, cuyo vencedor es imposible.

KARMA

La espada que golpea a otra espada se está golpeando a sí misma.

El resultado son chispas, pequeñas muescas y a la larga, la rotura.

La mente que juzga a otra mente se está juzgando a sí misma.

Porque la acusación del otro requiere la inocencia de uno.

El resultado son pequeñas dudas, algunos quiebres y a la larga, la rotura.

SEPPUKU[9]

Quien deliberadamente se juzga a sí mismo se corta con la propia espada en dos: el acusador y el acusado.

El debate interno entre uno y otro drenará sus energías y lo anulará progresivamente.

Ha perdido la unidad de acción. Al juzgarse dentro se condena fuera. Puro suicidio ritual.

La efectividad en el obrar está vacía de juicios y de expectativas. Es inocente y pura como la mirada de un niño.

En tal caso el único crimen es juzgarla.

---

9   *Seppuku*: suicidio ritual por desentrañamiento, también conocido como *Harakiri*

ESPOSAS

Dos presos fugados corren campo a través unidos por unas esposas.

Si uno estira hacia un lado, el otro estirará más fuerte hacia el lado contrario. Eso los va a frenar.

Su mayor problema no son las esposas, sino creer que están separados.

Dos personas transitan por la vida vinculadas por sus circunstancias.

Si una estira hacia un lado, la otra estirará más fuerte hacia el lado contrario. Eso las va a frenar.

Su mayor problema no son las circunstancias, sino creer que están separadas.

Su mente está haciendo un corte en falso.

ESPEJO

Cuando el espadachín se mueve hacia un lado, su contrincante también.

Si tantea su espada, el otro tantea la suya.

Al iniciar una combinación, recibirá la complementaria.

La mente poco entrenada separa a uno del otro con un corte vertical.

Incapaz de ver el espejo, no se da cuenta de que son dos, pero al mismo tiempo también son uno.

Por eso lo que hace uno, también lo está haciendo el otro.

ABEJAS Y FLORES

Esto es una abeja y aquello es una flor.

La mente inexperta las separa, pero es un corte muy burdo.

Porque el maestro nos enseñó que las abejas no pueden vivir sin flores y que las flores no pueden vivir sin abejas.

Si lo uno no puede existir sin lo otro, entonces es que son dos partes de una misma cosa.

Las partes son muy evidentes y su vínculo casi intangible. Pero intangible no es lo mismo que inexistente.

Si yo no puedo vivir sin el mundo, igual que mi brazo no puede vivir sin mí, entonces es que formo parte del mundo y somos una misma cosa.

La espada de metal puede separarnos si me asesta un golpe mortal.

Pero si lo hace la espada de la mente, acomete un corte en falso.

EL TODO NO PUEDE
CORTARSE

No es posible cortar lo que ya está cortado.

Los infinitos cortes del todo le confieren su unidad.

No hay nada que esté entero y por eso todo es uno.

De la separación emerge la unidad y de la unidad la separación.

Ambas se engendran mutuamente en la eternidad.

BUENOS CORTES

CEGUERA

Creía que su vecino era estúpido por regar cada día en el mismo sitio durante siete años y no obtener fruto alguno.

Pero entonces un hermoso tronco empezó a brotar. Y en seis semanas se alzó treinta metros sobre el suelo.

Porque las raíces del bambú japonés tardan siete años en crecer, invisibles bajo el suelo. Pero luego su tallo emerge a la superficie con una fuerza inusitada que no tiene parangón.

La mente que separa de un corte la pequeñez de lo visible de la grandeza lo invisible es objetiva.

Conoce su propia ignorancia.

Así se abre paso en la realidad, de manera efectiva hacia la verdad.

TAMESHIGIRI

Por razones obvias, la esgrima no puede entrenarse con espadas reales contra oponentes reales.

Los que practican *Iaido* emplean verdaderas *katanas,* pero solo hacen cortes en el aire.

Los practicantes de *Kendo* luchan contra un oponente, pero emplean espadas de bambú.

Por eso ambas disciplinas corren el riesgo de alejarse del *budo*[10].

La primera puede convertirse en una forma de expresión artística. Una suerte de danza con espada.

La segunda puede transformarse en un deporte de competición. Daría igual que en lugar de sostener un *shinai*[11] los contendientes estuvieran sosteniendo una raqueta de tenis.

Al alejarse de su esencia marcial, los movimientos se deforman y poco a poco devienen en teoría estéril y peligrosa.

---

10   *Budo*: literalmente «camino del guerrero». La vía marcial como camino de desarrollo espiritual.

11   *Shinai*: espada de bambú para la práctica del *Kendo.*

Por eso los maestros recomiendan la práctica del *Tameshigiri*, el corte con *katana* de rollos de tatami o troncos de bambú.

Estos materiales reaccionan a la espada como la carne y los huesos. Solo pueden atravesarse mediante una técnica efectiva. No hay lugar para ocurrencias.

De esta manera el practicante se ve obligado a desprenderse de peligrosas teorías fantasmagóricas y regresa con su práctica a la realidad.

VERDAD

Hoy en día cualquiera se siente autorizado para abrir la boca y pronunciarse. A menudo sin más fundamento que el ímpetu de su espíritu.

Por eso vivimos en la era de la discusión inútil y la peligrosa polarización.

Las opiniones están bien y todas deben ser respetadas. Igual que la ignorancia no debe ser castigada.

Pero son opiniones y nada más. Solo estocadas en el aire.

El camino del buen corte exige al practicante inquisitivo separar de cuajo las opiniones de los hechos.

Primero en su propio pensamiento.

Después en sus palabras.

Y finalmente en las palabras ajenas.

Ocupándose solo de hechos está cortando tatami y bambú. No hay lugar para ocurrencias sin fundamento.

Así se desprende de peligrosas teorías fantasmagóricas y regresa con su práctica a la realidad, aproximándose a la verdad.

UNANIMIDAD

Los siete generales de los ejércitos aliados estuvieron inmediatamente de acuerdo en iniciar el ataque.

Por eso fueron aniquilados por sus enemigos.

Porque estar todos de acuerdo puede significar dos cosas: o estar todos en lo cierto o estar todos errados.

Necesario es el corte que separa la unanimidad de la verdad.

Las mentes que por inconsciencia, urgencia o conveniencia no lo practican, precipitan a su empresa hacia un tenebroso desenlace.

TIEMPO

Durante millones de años la Tierra ha girado diariamente sobre su propio eje.

Pero esto no significa que lo vaya a hacer mañana.

Aunque todos piensen lo contrario de manera unánime.

Quien entiende esto se separa de la masa porque sabe hacer el corte entre el pasado y el futuro.

Será difícil que un enemigo le encuentre desprevenido.

FANTASMAS

Incontables son los fantasmas que parasitan el mundo de la mente.

Se visten de verborrea, complejidad y expresiones vagas y vaporosas.

La espada incapaz de separar lo concreto de lo inespecífico pelea con fantasmas en el aire.

Y el mayor problema de una estocada en el aire no es errar el golpe, sino quedar expuesto al enemigo.

HONOR

Quien responde a insultos, amenazas y desafíos les otorga más poder.

Se verá obligado a desenvainar más a menudo de lo que le conviene.

Es frágil, fácil de manipular y acabará viviendo como un duelista. Una profesión con alta siniestralidad laboral.

La palabra es tan solo un sonido, efímero como el viento.

Quien reconoce esta verdad ha aprendido a hacer el corte que separa el mundo de las palabras del mundo real.

No reacciona ante el insulto y el difamador queda anulado.

No dobla la apuesta y el que amenaza queda impotente.

No recoge el reto y el desafiador queda derrotado.

Como es invulnerable en el mundo de las palabras, deviene poderoso en el mundo real.

POLITICA

Los generales aliados están reunidos.

Quien escucha lo que dicen piensa que discuten la estrategia para ganar la guerra.

Esa es la conversación aparente. Y aparentemente parece razonable.

Pero las mentes bien adiestradas hacen el corte que separa lo que se dice de *cómo* se dice.

Porque en las oscuras profundidades del *cómo* la conversación es otra.

Con su manera de hablar están expresando lo que piensan de los demás. Se están posicionando.

Esta es la conversación política.

Su objeto no es otro que determinar quién manda.

Aunque quizás no se den cuenta y no sea razonable, es la conversación que realmente les importa.

ETIQUETA

La etiqueta exige que quien entrega una espada a otro para que pueda examinarla debe ofrecer la empuñadura con la mano izquierda y mantener el filo apuntando hacia él mismo.

Es la manera de dejar claras sus intenciones y evitar terribles confusiones.

Del mismo modo, quien desea mostrar su mente a otro para que pueda examinarla, debe hacerlo con mano izquierda y apuntando el filo de las palabras hacia sí mismo.

O tendrá serios problemas con la inmensa mayoría, que confunde el mundo de las palabras con el mundo real.

TRANSPARENCIA

Las espadas más afiladas separan el mundo de las palabras del mundo real y lo que se dice de cómo se dice.

Por eso son dóciles al hablar.

Dan prioridad a la intervención del otro, escuchan con atención, se esfuerzan por entender y empatizan honestamente.

Practican el arte del *Samurai Gengo Jutsu*[12].

Cediendo el poder en el hablar erradican la conversación política.

Entonces la conversación aparente deviene transparente.

Solo ahora las palabras podrán detener la guerra.

---

12   *Samurai Gengo Jutsu*: literalmente «la técnica lingüística del que sirve». Arte marcial verbal creado por el autor.

PODER

Los practicantes de *Tameshigiri* a menudo compiten para ver quién es capaz de cortar más rollos de tatami de un solo golpe.

Es un gran espectáculo.

Pero de necia vanidad.

Quien necesita demostrar su poder a los demás es porque en su interior se siente impotente.

Quien no demuestra su poder y permanece al servicio del otro en la conversación es verdaderamente poderoso.

Sirviendo en el mundo de las palabras acaba liderando en el mundo real.

UNIDAD

El poder atrae poder.

Su destino final es la unidad.

Quien guerrea por alcanzarla solo logra demorarla.

Porque unir a la fuerza en realidad es cortar.

CONSENSO

El consenso trae la unidad pero la unidad no requiere de consenso.

El consenso depende de qué se decide, mientras que la unidad depende de cómo se decide.

Por eso, aunque no siempre es posible estar todos de acuerdo, siempre es posible permanecer todos unidos.

Porque siempre es posible respetar y valorar honestamente el parecer de todos, se decida lo que se decida.

Quien practica el corte entre consenso y unidad conduce a los pueblos a la acción y a las mentes hacia la verdad.

SEKIGAHARA

En el momento de iniciar el combate, Tokugawa Ieasu se encuentra en la peor posición estratégica posible. Con sus tropas en el valle y sus enemigos en las laderas. Una ratonera perfecta.

Su rival, Ishida Mitsunari, tiene todas las de ganar y espera ansioso el momento de dar la señal a su aliado, Kobayakawa Hideaki, para que ataque a su enemigo por el flanco y le deje desarbolado.

Pero en el último momento Hideaki le traiciona y, en lugar de abalanzarse sobre su enemigo, lo hace sobre él.

Mitsunari acaba siendo aplastado sorpresivamente en una batalla en la contaba con la superioridad numérica y ocupaba una posición estratégica imbatible.

En realidad no es derrotado por el enemigo, sino por sus propias disputas internas.

Así se alcanza la unificación de Japón y una paz que ha de durar más de doscientos cincuenta años.

COLABORACION

Los generales mediocres incentivan la competición entre sus soldados creyendo que así forjarán en su ejército un ímpetu ganador.

Su mente no sabe hacer el corte entre lo interior y lo exterior.

Ignoran que quien compite internamente pierde competitividad externamente.

Que para competir fuera lo más importante es colaborar dentro.

Solo realiza su máximo potencial quien alcanza la unidad de acción interior.

INTEGRIDAD

No hay mayor demostración de poder que la unidad de acción.

Semejante determinación genera adhesión y es de este modo como el poder invoca a más poder.

No a través de las armas, sino de la integridad.

La integridad se convierte así en la única fuerza que conduce a la unión.

De una persona con otra, de un clan con otro y de un ejército con otro hasta alcanzar la paz en la unidad de las naciones.

BUENAS COSTUMBRES

CHIBURI

En la práctica del *Iaido* las técnicas terminan con *Chiburi*, un movimiento destinado a limpiar la sangre de la hoja antes de envainarla.

Un gesto más ceremonial y simbólico que práctico. Porque con sangre real, dejar la espada en condiciones requerirá algo más que una ligera pasada.

Pero esta automatización es un recuerdo que nos previene de regresarla impura y contaminar la vaina. Un error que pagaríamos caro al volver a desenvainar.

Del mismo modo, la mente que corta queda salpicada por el producto de su acción.

Por eso el buen guerrero la limpia cada vez que termina.

Solo desapegando a la mente de sus propios resultados se mantiene efectiva en su acción sucesiva.

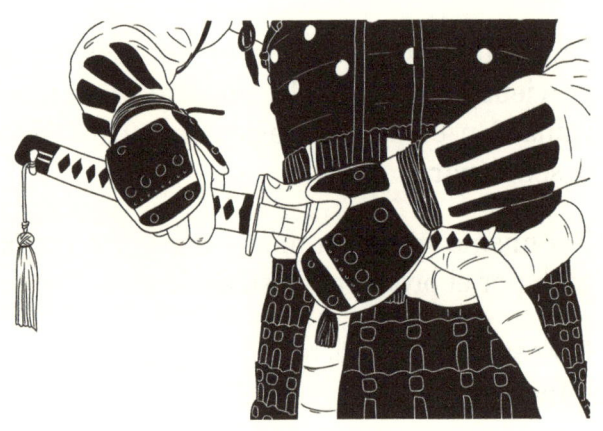

MANTENIMIENTO

El buen guerrero es guardián de la pureza de su espada y se cuida de permitir que ni un aliento la mancille.

Una hoja así custodiada es herencia de generaciones y con su brillo desafía a la eternidad.

Tan importante como saber esgrimir la mente es dedicar horas y corazón a purificarla con esmero.

Limpiarla y engrasarla desapegándola de toda idea.

Mantenerla vacía como el reflejo de un espejo perfecto.

Una mente así cuidada trasciende al individuo y es herencia perenne para toda la humanidad.

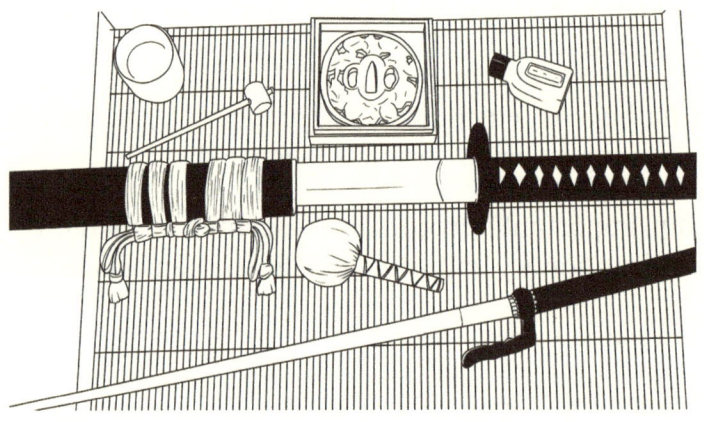

EL BOTE

Decía el maestro que a todos conviene un buen bote para cruzar al otro lado del río.

Pero que una vez alcanzada la orilla, a nadie se le ocurre continuar llevándose el bote a cuestas.

A todos conviene la técnica para diferenciar el corte malo del bueno.

Pero una vez aprendida, debe ser abandonada en la orilla.

Porque en la exuberante creación, ni existen dos gotas exactas, ni dos ocasiones iguales.

Y lo que parecía un buen corte un día, bien puede convertirse en malo al siguiente.

Y viceversa.

SHU-HA-RI

Solo los alumnos más aventajados son introducidos por el maestro a la enseñanza final del *Shu-Ha Ri*.

Shu significa adherencia. Es el proceso de repetición sistemática del *kata*[13] hasta interiorizar la exactitud de una técnica.

Entonces llega el momento del *Ha*, que significa ruptura. De manera espontánea el discípulo se interesa por otras formas de la misma técnica, que enseñan otras escuelas, con otros estilos y otros maestros. Así empieza a romper con la enseñanza anterior.

Tras adherirse a múltiples *kata* y romper con cada una de ellas, alcanza el estado de *Ri*, que significa separación.

Su ejecución de la técnica es ahora una expresión singular de su personalidad.

Por fin es libre y se ha convertido en artista.

Ha alcanzado la forma sin forma.

Que todo lo que aquí se ha escrito sea aprendido para después ser desprendido.

---

13   *Kata*: forma.

TEMPLE

Tras forjar la espada, el maestro herrero la cubre con arcilla, dejando el filo bien protegido y el lomo casi al descubierto.

Entonces la calienta al rojo vivo y la sumerge en agua para enfriarla rápidamente.

Por la acción de la arcilla, el lomo se enfría más deprisa que el filo. Por eso la *katana* adquiere su singular curvatura, y se dice que en ese momento recibe su alma. El maestro ha conseguido que converjan en el acero dos propiedades antagónicas: dureza y flexibilidad.

Semejante contradicción es lo que confiere a la *katana* su singular reputación: un filo duro que corta lo que encuentra a su paso y un lomo flexible para amortiguar los golpes sin romperse.

La mente bien templada es el lugar donde convergen los opuestos.

Es dura pero también es flexible. Puede albergar una idea y también la opuesta sin mediar contradicción.

Su naturaleza es paradójica.

Que estas páginas sean baño templado para las mentes ardientes.

Que se sumerjan en ellas una y otra vez hasta alcanzar la paradoja absoluta de la mente total.

EX CALCE LIBERATUS

Hay espadas que se rompen, espadas mediocres, espadas infames, espadas famosas y también espadas anónimas pero igualmente honorables.

Una sola destaca entre todas desde el inicio de los tiempos.

Porque trasciende al hierro, a la mente, a las culturas y a la realidad.

Perteneciendo al Cielo, está atrapada en la Tierra.

Y solo el puro de corazón podrá extraerla de la piedra

En ese momento estará sirviendo a Dios.

Y por eso se convertirá en el Rey que estaba destinado a ser.

KOLIMA
BOOKS